Petite Philosophie pour temps variables

Cécile Guérard

Petite Philosophie pour temps variables

La Table Ronde
14, rue Séguier, Paris 6e

À mes parents.

ISBN : 2-7103-0998-X.

EN GUISE DE PROLOGUE

A SES COMMENCEMENTS LA PHILOSOPHIE s'est répandue dans les rues d'Athènes, à l'ombre des platanes en fleurs, se mêlant au chant des cigales. Au grand air, sans manuels. Socrate n'a jamais écrit une ligne. Sa philosophie est orale. Les exposés fixent la pensée, les longs développements découragent l'esprit. Avec son ironie habituelle, Socrate demande à ses interlocuteurs de se montrer concis : « Protagoras, dis-je alors, il se trouve que je suis un homme sans mémoire et, si l'on m'en dit trop long, j'oublie quel est l'objet de l'entretien ! [...] par égard pour moi, taille sur tes réponses et, si je dois te suivre, fais-les plus courtes. »

Dialogue vivant, toujours recommencé, la philosophie suit le mouvement de la pensée qui doute, se contredit, s'aiguise, s'approfondit. Penser c'est peser des idées : les frotter, les confronter les unes aux autres. Les explorer, les exténuer jusqu'à percevoir le secret de leur sens.

Insolent, le philosophe dérange avec des questions que personne ne se pose. Ou que nous abordons dans la vie quotidienne sans prendre le temps de nous y arrêter vraiment : une naissance, un deuil, une histoire d'amour, la rencontre avec le Mal, par exemple. Modeste, Socrate interrompt la démarche assurée de ses concitoyens d'une phrase : « Je ne sais qu'une chose, c'est que je ne sais rien. » Savoir son ignorance : sans cette prise de conscience il n'y a pas de philosophie. Pouvoir s'étonner est merveilleux : nous prenons conscience que nous avons un cœur et une raison. L'étonnement est un prologue au recommencement. Il réveille le monde à chaque instant, le remet en question. Cela prend des allures de provocation. Les certitudes sont plus confortables que le doute, les idées reçues, véhiculées par la famille, l'école, la société, nous dispensent de penser. On préfère avoir tort à plusieurs que raison tout seul.

Être conscient de ne rien savoir exige une conversion de l'âme. On ne peut mettre la lumière dans des yeux aveugles. Pour regarder le grand soleil des Idées selon Plotin, néoplatonicien du IIIe siècle, l'œil doit se faire solaire. Philosopher suppose une rupture avec tout ce que l'on sait ou croit savoir. Alain, philosophe rationaliste, lance cette formule : « Penser c'est dire non. » Partir à l'aventure, quitter les grands boulevards des idées admises, les rivages tranquilles des coutumes, des croyances, gagner le grand large. Le dénuement, condition d'une renaissance.

Grâce à la méditation — l'acte philosophique par excellence —, chaque route débouche sur un carrefour. Le familier devient étrange, la plus sûre conviction se change en hésitation. Le philosophe ne possède pas un savoir, il va à sa recherche. Le sage n'est pas un savant. La philosophie ne s'apprend pas. Mais on peut apprendre à philosopher.

La vérité se trouve ni au fond d'un puits, ni au ciel mais en nous : « Connais-toi toi-même », telle est encore la simplicité du message socratique. La vérité est une conquête progressive et provisoire.

On imagine le philosophe hors de ce monde, insensible au cours des choses, aux aléas de la vie. Le dramaturge Aristophane ridiculise Socrate parlant aux nuées célestes. Thalès, le célèbre géomètre et astronome du VIIe siècle, tombe dans un puits en contemplant les étoiles et déclenche les rires d'une jeune servante. Ces moqueries sont nées avec la philosophie. Elle a toujours eu mauvaise réputation : inutile, obscure, subversive. Les Athéniens ont condamné Socrate à mort, l'accusant de corrompre la jeunesse et d'impiété.

Or c'est la réalité de ce monde qui intéresse le philosophe. Ici et maintenant, il convient de vivre, de bien vivre. La philosophie épouse les mouvements contradictoires de l'existence. Elle nous accompagne dans les moments douloureux, joyeux, cruciaux. Phare signalant les écueils, c'est une boussole qui nous oriente. On peut vivre sans philosopher. Mais vit-on aussi intensément, profondément et avec une même lucidité ?

Prendre de la distance avec les choses pour mieux les comprendre est la vocation de la conscience. La philosophie est l'apprentissage de la liberté. Devenir ce qu'on est, ou ce que l'on n'est pas encore, accomplir sa destinée. Atteindre le bonheur, le vrai, le bien, le beau qui, selon Platon, relèvent d'une même aspiration. Un idéal de sagesse, auquel nous aspirons. Parce que le monde n'est pas raisonnable en lui-même, la philosophie se présente comme un besoin suprême d'explication, un art qui peut se nommer l'art de la vie.

LE BONHEUR À L'ENDROIT

IL EST TOUJOURS ENRICHISSANT d'observer un enfant. Il remet nos idées en ordre. Autour de lui, ses jouets dessinent une couronne de couleurs. Il les prend tour à tour distraitement, les jouets ne sont qu'un prétexte à son action. Ce n'est pas le ballon qui l'amuse mais sa petite main qui l'agite en tous sens. Il rit, découvre qu'il rit, en éprouve un plaisir visible. Rit-il parce qu'il est heureux ? Il est heureux parce qu'il rit. L'éclat de son rire le rend joyeux et redouble sa gaieté. Spinoza, philosophe panthéiste du XVIIe siècle, affirme que nous ne désirons pas une chose parce qu'elle est bonne, elle est bonne parce que nous la désirons. Voilà pour le rire de l'enfant. Le philosophe remet la question du bonheur à l'endroit.

Et nous raisonnons souvent à l'inverse : si je fais un beau voyage, achète de jolis gants ou obtiens une situation convoitée je devrai, en principe, être heureux ! Si je ne le suis pas, j'en conclus que le bonheur ne veut pas de moi. Erreur et complaisance. Le bonheur ne coïncide jamais avec l'idée que nous en avons. On le conçoit comme un absolu. Or seule l'expérience lui donne un contenu concret : et nos expériences sont forcément fragmentées et passagères. Le bonheur est, comme l'a dit Kant, « un idéal de l'imagination ». On le possède ou bien il n'est qu'un mot. Mieux encore, on le fait : bien sûr, j'ai plaisir à marcher dans les parcs du musée. Mais dans mon modeste jardin, que j'ai soigné avec patience et attention, je me promène avec bonheur.

Méditons Spinoza et soyons attentifs à ne pas confondre la cause et l'effet : parce que je suis heureux j'ai envie de parcourir le monde, peindre, aimer, vivre. J'ai envie d'être heureux car le bonheur appelle le bonheur. Il y a des jours où le cœur n'y est pas. Il faut alors s'imiter soi-même : mimons la joie comme l'enfant prête écho à son rire. L'imitation est source d'initiative. Essayons un sourire, le visage s'ouvre et finira par sourire de lui-même. Pascal, dans ses *Pensées*, suggère au non-croyant de s'agenouiller dans une église. Alors, peut-être, finira-t-il par croire en Dieu…

LA TOILETTE DE L'ESPRIT

DE TEMPS À AUTRE IL EST UTILE DE secouer sa pensée : se débarrasser des idées mortes, chasser les idées noires, celles qui tournent à l'obsession. Faire pensée neuve, en somme. Nous savons si bien soigner notre corps, plonger dans un bain chaud et nous délasser. Mais l'esprit aussi souffre de crampes et de fatigues : un remords qui nous ronge, un regret qui nous laisse inquiet, un mauvais souvenir, une déception difficile à accepter… À quoi bon ruminer comme une vache ces pensées néfastes et stériles ? Elles finiront par peser sur l'estomac.

La minute de trop que l'on souhaite reprendre à la réalité vire bientôt au cauchemar. De toute façon, il est trop tard. On ne peut pas reculer dans l'existence. Ce qui est fait est fait, on ne reviendra pas en arrière. Le temps n'est pas l'espace : le billet retour ne nous est pas délivré. Et la conscience morale a toujours, hélas, un train de retard. Que cela nous serve de leçon… pour la prochaine fois. En attendant, mieux vaut ne plus y penser et regarder l'avenir.

L'immobilisme n'instruit pas. C'est un cercle vicieux qu'il faut rompre : question de volonté. Il faudrait se dire : je veux ce que je pense. Il n'y a pas de fatalité. Je suis libre de ne pas formuler une idée en la renvoyant au chaos. Il faut s'y exercer, voilà tout.

Descartes donne les règles pour la direction de l'esprit : « apprendre à conduire ses pensées ». Ne pas céder à la précipitation, suspendre son jugement. Règle de prudence élémentaire. Exécuter avec fermeté ce qui nous a semblé être le meilleur. Et s'il se produit un accident de parcours au moins avons-nous pour consolation l'assurance que nous avons fait « tout le mieux que notre entendement a pu connaître ». Aussi n'avons-nous pas lieu d'éprouver ni remords ni regrets. Je suis le maître de mon esprit, le seul. Nous avons la fâcheuse tendance, si paresseuse, si complaisante à l'oublier. Nous sommes libres, si nous le voulons.

ON NE DÉSIRE JAMAIS ASSEZ

L'AUTEUR DU *Discours de la méthode*, Descartes, s'étonne qu'on ne désire jamais assez. Assez bien, assez loin, assez longtemps. Le désir nous contente avec presque rien à l'image de « ces petits vaisseaux que trois gouttes d'eau peuvent remplir », écrit le philosophe dans une lettre à Élisabeth. Être satisfait, c'est dire « Satis » : stop, assez ! Je n'en veux pas plus, merci bien, je suis content. Aussi les désirs que nous idolâtrons sont de bien petits personnages. Dis-moi ce que tu recherches, je te dirai qui tu es… Ceux qui ne jurent que par le désir sont souvent de beaux parleurs, de grands rêveurs portant en eux une foule de désirs fracassés, refroidis par paresse ou lâcheté. Freud dirait, refoulés. Le désir justement n'a rien de rêveur. Il exige une discipline. Avec un esprit serein et méthodique nous réalisons nos penchants les plus impérieux. Réaliser pleinement ses désirs est peut-être chose la plus difficile : c'est aller se chercher au fond de soi. Engager une bataille tactique, discipliner ses instincts, les ramener à l'unité et concentrer son énergie sur la chose désirée. À cet exercice on verra certains désirs tomber comme des feuilles mortes : ils n'étaient que des caprices ou des songes creux. On s'apercevra aussi que le désir est tout en nous : « L'essence même de notre être », dit Spinoza. Le réaliser c'est se réaliser. Cherchez les désirs dans les nébuleuses de vos fantasmes, vous n'attraperez que fantômes et autres miroirs aux alouettes.

NE PAS S'ENCOMBRER DU PASSÉ

AUX HEURES DÉSESPÉRANTES, QUAND nous éprouvons le sentiment de n'être rien, notre passé se rappelle à notre bon souvenir : il apporte la preuve vitale que nous avons été quelque chose. En lui comme dans un linceul, est déposé le temps écoulé. Notre passé nous sauve du néant. Le souvenir atteste de notre existence comme les ruines témoignent de monuments disparus. Ainsi, le parfum des mimosas nous rappelle un soir d'été en Provence et nous renvoie à l'éden originel de nos premières grandes vacances... Mais le souvenir réconforte et attriste. Impuissant à raviver le passé, il aiguise notre nostalgie, avive notre incorrigible passéisme.

Aux heures désespérées, notre passé tourne à l'obsession d'une passion : le temps ne passe plus, il s'entasse. Le présent collé au passé n'est plus qu'un prétexte à convoquer la nostalgie. On se fige alors dans la contemplation stérile de ce que l'on a été, le dos tourné à l'avenir. En adoptant, selon la formule de Nietzsche, *le point de vue de l'antiquaire* qui vénère débris et squelettes, nous coupons la route au devenir. Le passé est ce fardeau invisible qui alourdit notre marche.

Nietzsche médite cette différence entre l'homme et la bête : la vache dans son champ ne distingue pas hier d'aujourd'hui. Son bonheur naît de sa propension à l'oubli. À l'inverse, l'homme, cet être historique, doit apprendre à oublier. Arme naturelle, l'oubli liquide un passé obsédant. Impuissant à le supprimer totalement, il le met entre parenthèses. Aucune action, aucune création ne semblent possibles sans cette délivrance. Vivre c'est devenir, advenir, sortir de soi. Replié vers l'intérieur, l'être passéiste se réduit à une intimité sans façade. Il se prive d'extériorité.

Il est naturel de vouloir revivre encore une fois ce qui a déjà été vécu, de tenter de suppléer aux brumes du souvenir. Notre existence nous apparaît souvent tel un mirage : une « deuxième fois » apporte la vérification de ce qui a été.

Il ne s'agit pas de se couper de ses racines mais de s'en libérer. Se délester du poids des années, du passif qui encombre, afin de retrouver un regard ouvert à la nouveauté. Une faculté de ressentir avec innocence. Se projeter dans l'avenir est une tâche périlleuse, angoissante puisqu'on ignore de quoi il sera fait : « Aussi, résume Ferdinand Alquié, qui fut un grand professeur et historien de la philosophie, l'homme ne peut-il organiser son bonheur qu'au sein de l'inquiétude. Pour se tourner vers le futur, il faut consentir au risque du monde. »

Notre éducation ne nous y encourage pas : à peine sorti des langes on verse sur la tête de l'enfant les grands seaux de l'Histoire et ce n'est pas un baptême. Rien à découvrir, tout à apprendre. Ce qui a été dit, il faut le redire. Inutile de chercher, il ne reste plus de chemins à explorer : tout est clos. L'histoire nous a enveloppés de vétusté. Le passé est devenu le fossoyeur du présent : il étouffe l'esprit, coupe son appétit de connaissance et d'action. Nous sommes des momies. Hésiode, le poète grec, n'avait-il pas prédit qu'un jour les hommes naîtront avec des cheveux gris ? Ce moment venu, poursuivait sa prophétie, le dieu Zeus détruira cette génération…

La vie est la jeunesse même. Elle veut découvrir, se tromper, apprendre par elle-même, rectifier seule ses erreurs. Se libérer de l'Histoire pour créer librement la sienne. « Ce n'est que par la plus grande force du présent que doit être interprété le passé », poursuit Nietzsche. Encore faut-il ne pas confisquer à la jeunesse son présent et ses rêves. Lui laisser l'illusion, ce voile d'obscurité, qui consiste à voir la réalité autrement qu'elle n'est. C'est la seule possibilité d'agir et de créer. Le salut ne réside pas dans le savoir mais dans la création.

LES STYLES DE LA LIBERTÉ

LES AUTRES ONT UNE IMAGE PARTIELLE et biaisée de nous. Cela nous désespère. Mais il n'y a pas d'alternative possible : renvoyer une image définitive voudrait dire que nous sommes morts ou bien éternellement identiques à nous-mêmes, c'est-à-dire morts vivants ! C'est pourquoi, note le poète Paul Valéry, « nous aimons celui qui croit que nous sommes ce que nous voudrions être ». Ma conscience n'est pas un concept et déborde toujours la clôture où on prétend l'enfermer. Je suis libre de choisir mon style de vie et d'action. Je reste libre en sachant me porter au-delà de ce choix. Être un autre ne signifie pas devenir excentrique : cela fait déjà partie de ce que je suis. L'acte libre émane du moi et reflète sa totalité, affirme Bergson, philosophe spiritualiste. Nous sommes alors en adéquation avec nous-mêmes, dans notre propre élément. Peu importe ce que je fais pourvu que je reste libre de pouvoir le faire autrement, ailleurs, outre. Par ses projets, dit Sartre, l'homme dépasse sa situation, s'élance vers un avenir aux multiples possibles.

Mais distinguons la créative originalité de la vaine et imitative extravagance. Exemples : se nourrir exclusivement de soja, donner ses rendez-vous galants les jours impairs, importer son parfum des Indes, citer La Rochefoucauld à toutes les phrases… c'est terriblement restreindre l'usage de sa liberté ! Celle-ci, prévient Jankélévitch, ne consiste pas à « choisir un chiffre de conscience, si compliqué soit-il, et puis de s'y tenir une fois pour toutes ». Faire profession et provision de fantaisie est absurde et ridicule. Il est regrettable de ranger sa liberté sous une définition si étroite. La fantaisie n'est qu'une manière d'être, il y en a tant d'autres ! Le pianiste joue sur tout le clavier et pas seulement sur deux notes. Il décline l'ensemble des gammes, déchiffre une variété de partitions et refermant son piano, n'en demeure pas moins pianiste. En amour, l'originalité se joue au cœur de la relation elle-même et non dans chacun des deux termes. Un amour simple, donc plus large, étend son vocabulaire à l'infini. Il se conjugue avec toutes les possibilités de l'être : une durée, une habitude, un progrès.

L'habitude, serait-elle paradoxalement la condition de la liberté ? Pourtant nous courbons l'échine sous son poids. Ancrée si profondément en nous, on finit par la considérer comme une propriété de notre être. Quand la permanence se dégrade en ressemblance, elle a pour nom la routine. Mais l'habitude n'est pas puissance passive ni force de mort. Elle est au contraire, selon Bachelard, grand épistémologue de notre temps, « la volonté de commencer à se répéter soi-même ». Se répéter, se reprendre, suppose durée et progrès. L'habitude est utile et nécessaire. Imaginons qu'à chaque instant il faille tout réapprendre ! En se chargeant des éléments anciens et acquis l'habitude libère notre esprit. Devenu disponible, il peut s'appliquer à l'inédit d'une situation donnée.

Être libre, c'est aussi savoir se libérer de sa liberté : accepter certaines contraintes et la restreindre provisoirement afin d'accroître son champ d'action. L'artiste qui poursuit l'idée de la liberté, s'astreint à une discipline rigoureuse pour exprimer son art. Enfin prenons garde aux confusions : se détacher et user à l'infini de sa liberté n'est pas s'étourdir dans la frivolité ni se dissoudre dans une vie inconsistante. Il s'agit d'être léger comme l'oiseau et non comme la plume…

ÉPICURE ET LA SAGESSE DU PLAISIR

> « Le plaisir est le principe et la fin de la vie bienheureuse. »
> (Épicure, *Lettre à Ménécée.*)

UNE LONGUE TRADITION A RANGÉ Épicure du côté du diable. Persiste l'image du jouisseur qui se vautre dans la luxure. Déjà Horace, poète obèse et si subtil, qui mangeait et buvait trop, ironisant sur lui-même, se qualifie de « vrai pourceau du troupeau d'Épicure ». Il est nécessaire de rectifier cette vision caricaturale du « philosophe du plaisir » entretenue par les penseurs chrétiens. Écoutons Nietzsche : « Un jardinet, quelques figues, de petits fromages et, avec cela, trois ou quatre bons amis, c'était là, pour Épicure, festin opulent. »

Selon la physique épicurienne qui est matérialiste, la nature, constituée d'une infinité d'atomes, conserve son équilibre par une compensation perpétuelle entre le plein et le vide, les lésions et les réparations. Le plaisir n'échappe pas à cette loi : il est présent quand la douleur s'absente. Sa définition est négative. Le plaisir est un sentiment de bien-être et de plénitude qui tend à se confondre avec notre conscience d'exister. Contrairement à la douleur, dense et relativement localisable, le plaisir est une impression diffuse ; il s'émousse à l'instant où nous en prenons conscience. Et puise sa saveur dans le sel de la souffrance.

Rappelons-nous notre dernière migraine ? Et ces journées de convalescence au fond d'un lit alors qu'il fait si beau dehors. Vient la guérison. Le soleil rayonne de plus belle. Et nous sommes toujours aussi tristes ! Notre désir est amnésique. Notre mémoire courte. La faim, la soif, la maladie oubliées nous nous reprenons à désirer tout et n'importe quoi. Le corps ne réclame jamais plus qu'il ne lui faut, mais notre esprit ? C'est lui qui aiguise l'appétit, fait nos yeux plus grands que le ventre. Le plaisir ne réside pas dans la quantité mais dans une qualité stable, répète Épicure. Une totalité parfaite, un instant atomistique, fugace qui préfigure l'immortalité.

La sagesse retient les désirs naturels et nécessaires : se nourrir, se protéger du froid, philosopher. Épicure se régalait de polenta, de pain d'orge et d'eau claire. Se limitant à une nourriture que rien ni personne ne pouvait lui ravir, il jouissait de la souveraine volupté d'être maître de soi. « L'habitude d'une nourriture simple et non celle d'une nourriture luxueuse convient donc pour donner la pleine santé, pour laisser à l'homme toute liberté de se consacrer aux devoirs nécessaires de la vie, pour nous disposer à mieux goûter les repas luxueux lorsque nous les faisons après des intervalles de vie frugale, enfin pour nous mettre en état de ne pas craindre la mauvaise fortune. » Cette vertu d'indépendance nous fait vivre tel « un dieu parmi les hommes. Car un homme qui vit au milieu des biens impérissables ne ressemble en rien à un être mortel », conclut la *Lettre* d'Épicure à Ménécée.

Calliclès, le brillant sophiste du *Gorgias* de Platon, réfractaire à toute morale, raille le sage épicurien qui vit « comme une pierre… sans joie ni peine ». Il lui préfère une « vie insatiable et effrénée ». Partiellement ou nullement satisfaits, les désirs illimités sont cause de souffrance, conduisent à des impasses dans notre existence. Non seulement « rien ne suffit à qui considère comme peu ce qui est suffisant », mais l'abondance finit par nous dégoûter !

Impossible d'atteindre la sérénité dans la ronde sans issue du désir. Le poète latin Lucrèce, mettant en vers la doctrine épicurienne dans son *De natura rerum*, est d'une lucidité lugubre : « Pour beaucoup, acquérir des richesses ne met pas terme à la misère : c'est un changement de misère. » Tel le supplice des

Danaïdes qui s'épuisent à remplir un tonneau sans fond. Cette errance signe notre malheur : le désir d'un au-delà toujours plus grand empêche l'homme de jouir des biens terrestres. Or, le bonheur ne vaut qu'ici et maintenant : « Il ne faut pas gâter le présent en désirant des choses qui nous font défaut, mais prendre en considération que ce qui nous est donné figurait jadis parmi les choses désirables. » Vérité d'Épicure : le plaisir surgit quand on ne l'attend pas. Il ne veut pas être forcé : il s'invite sur la pointe des pieds chez les consciences insouciantes.

C'est pourquoi à l'absence de trouble dans le corps doit se joindre l'absence de trouble dans l'âme, l'ataraxie. Épicure souligne ainsi l'indissoluble unité du corps et de l'esprit. L'âme confiante ne se reposera-t-elle pas mieux sur un lit de feuilles que le riche toujours inquiet sur un lit d'or ? Vérité immédiate et urgente, le plaisir exige régulation et tempérance. Pour savoir recueillir l'or de l'instant, ces minutes fragiles et précieuses de bonheur, relire la morale d'Épicure n'est pas peine perdue.

L'IRRÉSOLUTION

L'HÉSITATION EST LE PLUS BAS DEGRÉ de la liberté. Je n'ai pas de préférence ni de raison de me décider ainsi plutôt qu'autrement : « Ça m'est égal ! » Cette indifférence réduit la liberté à sa plus pauvre expression. On ne décide pas et au bout du compte on ne choisit même pas ce qu'on croit choisir !

L'Éducation sentimentale de Gustave Flaubert est le roman de l'irrésolution par excellence : « Quelquefois la musique lui semblait seule capable d'exprimer ses troubles intérieurs ; alors il rêvait des symphonies ; ou bien la surface des choses l'appréhendait, et il voulait peindre. Il avait composé des vers pourtant… » Flaubert écrit les mémoires d'un jeune homme velléitaire, Frédéric Moreau, qui remet ses amours au lendemain, ajourne ses devoirs, se fabrique du temps, de l'ennui, invoque les dieux qui ne sont jamais avec lui. Et dans sa bonne mauvaise foi ce héros malgré lui s'en étonne : « Il trouvait que le bonheur mérité par l'excellence de son âme tardait à venir. » En reculant indéfiniment le moment d'agir on prend du retard ! Frédéric Moreau veut tout et n'importe quoi, c'est-à-dire à peu près rien. Son drame est qu'il ignore qu'il faut un complément d'objet direct au vouloir, quelque chose de « voulu ». Encore faut-il savoir ce que l'on veut.

Vouloir ce que l'on sait impossible révèle une mauvaise volonté, une forme d'hypocrisie. Les stoïciens distinguent les choses qui dépendent de nous et celles qui n'en dépendent pas. Ce premier filtre éclaircit l'horizon. On ne délibère pas sur les pluies et les sécheresses. Le monde est magique pour l'enfant qui croit qu'on lui décrochera la lune. Parfois nous sommes ces enfants... Sincèrement, sérieusement on ne peut vouloir que ce que l'on croit possible de réaliser. Alors on déplacera des montagnes.

Avec un peu de patience. Vouloir sur-le-champ témoigne encore d'une mauvaise foi. Minute papillon ! On n'obtient rien à la seconde. D'ailleurs, ce qui s'offre immédiatement, nous le dédaignons. Vouloir une chose, c'est se donner les moyens de l'obtenir. La fin, elle, relève du souhait. « Nous délibérons, dit Aristote, non pas sur les fins elles-mêmes mais sur les moyens d'atteindre les fins. » Le médecin ne se demande pas s'il doit guérir son malade. Il cherche comment le guérir. Vouloir, c'est faire. La mauvaise volonté est pire qu'une volonté qui n'obtient aucun résultat ou échoue dans la réalisation de ses desseins. Malgré ses échecs, la bonne volonté « n'en brillerait pas moins comme un joyau qui a toute sa valeur en lui-même, car l'utilité ou l'absence de résultat ne peuvent rien ajouter ni retrancher à cette valeur ». D'après Kant, elle est absolument bonne.

L'irrésolution est donc un mal terrible que Descartes condamne fermement. Par sa violence, elle ne peut se confondre avec l'apathie. L'irrésolu se sent sommer d'agir puis laisse retomber toutes ses forces. Il commence un mouvement et ne l'achève pas. Cette énergie dépensée et perdue alimente le ressentiment et l'aigreur. Agir en pensée est plus épuisant que de se lancer dans l'action véritable. L'irrésolution use nos forces, nous fait sauter comme un poisson sur l'herbe. Et, le mot l'indique, l'irrésolution ne résout rien.

DE BONNE HUMEUR

IL FAUT SE MÉFIER DE LA MAUVAISE humeur comme d'une maladie contagieuse. Un individu entre dans un salon, la mine défaite : aussitôt son humeur maussade se lit sur tous les visages. Non seulement le « rabat-joie » est impoli mais il sécrète tristesse et mort à son entourage. Qu'il rentre chez lui et prenne un bain. Il repassera avec le sourire. C'est un remède qui en vaut un autre. Chacun le sien.

La joie, elle aussi, est contagieuse, mais tellement généreuse ! Existe-t-il plus beau cadeau à offrir à ses amis qu'un visage rayonnant ? Et comme toute offrande, cela me fait également plaisir. La joie radieuse m'enrichit dans mon « être ». Me donne des ailes. Entendez avec Spinoza : mieux je me porte, plus j'existe et me sens vivre. La joie augmente ma puissance d'action : voilà une formule à se réciter au saut du lit.

Comme l'amour, la joie désire toujours plus. Elle se répand sans se perdre. L'homme joyeux ne se soucie pas de posséder. Il se dépense et s'accroît par ses dons. À l'image du Dieu généreux de Plotin qui crée exprès ce qu'il donne à ses créatures. L'allégresse est le jaillissement même de l'être. Mieux encore, elle naît de l'effort à accomplir. Différente en cela du bien-être qui résulte du devoir accompli.

VEUILLEZ VOULOIR

MA VOLONTÉ EST SI AMPLE, SI ÉTENDUE, remarque Descartes, qu'elle ne connaît nulle borne. Elle exalte ma toute-puissance. Ma volonté peut tout ce que je peux, à condition que je le veuille. Vouloir et pouvoir sont une et même chose.

Actes manqués, lapsus, rêves se manifestent à mon insu, débordent ma conscience. Que valent ces « pensées » du corps ? On ne bâtit pas une vie libre et responsable sur l'inconscient. Pour vouloir il suffit donc de vouloir ce qui dépend entièrement de nous : « Vouloir n'exige ni transpiration ni effort d'aucune sorte ; pas de poids à soulever, pas de fatigue musculaire ; zéro au dynamomètre ! Vouloir est-il chose facile pour autant ? » interroge Jankélévitch.

Il est plus facile d'être purement et simplement, de se laisser glisser sur la pente du temps. Quel que soit le contenu que nous leur donnons, avec ou sans nous, les journées se succèdent. « Bonne continuation » est la formule navrée que s'échangent les passants de la rue. Continuer exige autant d'effort que respirer : à peu près aucun ! Être c'est endurer ce que je suis, demeurer identique à moi-même. Vouloir c'est s'arracher à l'inertie. Se faire violence, effectuer une torsion sur soi. La volonté est cette main, la mienne, qui me tire par les cheveux pour m'extirper de la glu.

Étant libre, rien ne m'empêche de vouloir : il est de notre devoir de vouloir. Un seul impératif : « y mettre du sien », c'est-à-dire commencer quelque chose de rien à partir de soi. Angoissant : s'ouvre un gouffre au bord duquel nous nous sentons aussi minuscule que le puceron. Mais pour faire une forêt il a bien fallu planter un premier arbre. Le planter malgré les tempêtes futures et la certitude que je ne serai plus de ce monde pour admirer ses grands ramages. Mes petits-enfants pour lesquels je disparaîtrai un jour joueront à cache-cache derrière ces arbres. Telle est la grandeur des commencements au regard de notre finitude, de notre solitude et de nos misérables moyens. On ne peut agir dans le vide mais seulement avec un horizon limité. Pour vouloir il faut regarder à peine plus loin que le bout de ses pieds. Sinon le vertige nous paralyse.

Nous retardons avec ingéniosité le moment de commencer. Hésitations, détours, mesure des conséquences : l'esprit s'entortille, s'égare dans ses délibérations. Pendant ce temps, la décision n'a pas attendu. La volonté décide d'elle-même d'accomplir le saut périlleux. Démonter le mécanisme de la décision, refaire l'historique des motifs (la fin visée) et des mobiles (ce qui me pousse à agir) est illusoire. Ces examens sont une petite comédie que nous jouons à nous-mêmes pour nous justifier après coup. Comme si nous devions nous mettre en règle avec l'intelligence et satisfaire à un besoin de logique qui « logiquement » veut qu'une délibération précède la décision. Mais plus sincèrement nous devinons avec La Rochefoucauld que « l'esprit est toujours la dupe du cœur ». Pourquoi s'effrayer du caractère unique, spontané et somme toute irrationnel de notre choix ?

La volonté trace dans l'insaisissable instant son propre chemin où court sa vérité. Elle est une grâce. Une étincelle jaillit à la fine pointe de l'âme plutôt qu'une décision mûrit en son for intérieur. L'innocence d'un esprit généreux qui, escamotant avec une belle ironie l'absurdité de ce monde, fait confiance à ce qu'il doit faire.

SAVOIR REGARDER

L’AMOUR EST AVEUGLE OU N’EST PAS. L’être que j’aime dort profondément à mes côtés. Je l’observe : la courbe des sourcils, le dessin des lèvres, une ride sur son front, un grain de beauté. L’œil est assassin : il détaille, capture ce qui le captive et n’a plus rien d’aimant : « La fascination est l’extrémité du détachement », remarque Roland Barthes. L’être aimé se réveille. Soudain je cesse de le dévisager. De nouveau je l’aime. De nouveau j’erre. Son visage m’abandonne et me réclame tour à tour. Au-delà de ce qu’il signifie, un visage est toujours en partance. C’est pourquoi dit Proust, de l’être aimé, nous n’avons que des photographies manquées. Trop vivant pour être capturé. Savoir regarder l'autre, c'est ne pas même remarquer la couleur de ses yeux.

Le véritable amour ne fait pas de détails. Il aime l'autre absolument, comme une totalité indivisible. Il n'a pas l'idée de recenser ses qualités et ses défauts. Imaginons un examen de passage au candidat à l'amour, qui apprécierait son sens de l'humour, son degré de fantaisie, son aptitude au travail, ses talents culinaires, sa capacité à aimer et à être aimé ! « Si tu veux m'essayer » invitait une chanson sur l'air d'un slogan publicitaire. Essayer d'aimer, c'est faire naufrage dans le port. L'amour commence par l'amour. Avis aux don juan !

L'amant pose la valeur en aimant. Il aime sans raison. Ou plutôt cette absence de raison en est une et suffit absolument. J'aime parce que j'aime. Purement et simplement. L'amour ne sonde pas, ne cherche pas à savoir. Ainsi les premiers rendez-vous galants évoquent le temps qu'il fait, les voyages, la vie qui va… Les plus grandes banalités en somme. Mais derrière les silences éloquents, les regards qui osent à peine se croiser, se tisse subtilement autre chose. Sous l'écran des mots ordinaires, deux consciences entrent en connivence. En résonance. « Faire connaissance » : l'expression est admirable. Connaître n'est pas savoir. Il y faut du temps, une légère attention. Savoir est un pouvoir, qui tire à soi une substance pour l'assimiler. Tel est le procédé du journaliste, de l'inspecteur de police dans leurs interrogatoires. La sympathie amoureuse, elle, éclot suivant des chemins erratiques, parallèles, magiques. Deux âmes s'effleurent dans la liberté d'un mouvement infini. Se reconnaissent parfois dans la fulgurance d'un coup de foudre. La curiosité et le mystère ne font pas bon ménage ! Il faut laisser la curiosité de côté, elle ferait obstacle à l'épanouissement des sentiments. L'amour semble parfois négligent. Tel est son aveuglement : il ne veut rien savoir de ce qu'il aime.

CROIRE EN SOI ET AUX AUTRES

LA TIMIDITÉ EST UNE PEUR SANS OBJET. C'est pourquoi il est si difficile de la surmonter. Je n'ose pas, je doute du résultat, j'ai peur des autres : avec de telles craintes diffuses nos entreprises sont mal engagées. Il est légitime de les éprouver, nécessaire de les dépasser : « L'homme courageux est à l'épreuve de la crainte autant que l'homme peut l'être », souligne Aristote. Convoquant ce courage nécessaire à tout commencement, Alain nous invite à nous libérer de nos frayeurs.

Premièrement : avoir la foi en soi. Ne pas douter de ses capacités, jurer qu'on tiendra les serments qu'on se fait. Qui croira en vous si vous n'y croyez pas vous-même ? Pariez sur vous : « Il n'est pas sûr que tous les chemins s'ouvriront si vous avez la foi, mais il est sûr que tous les chemins seront fermés si vous n'avez d'abord la foi. C'est se battre en vaincu ; c'est sauter le fossé avec l'idée qu'on tombera dedans. » Se rappeler qui l'on veut être n'est jamais inutile !

Avancer à sa mesure, estimer ses capacités. Sans dépréciation ni prétention. C'est une sagesse pour Descartes de savoir s'estimer, de prendre en compte ses mérites réels. Cette démarche peut paraître arrogante, voire vaniteuse. N'éveille-t-on pas ainsi jalousies et mépris ? Pourtant s'estimer à sa juste mesure permet aux autres de nous estimer en retour. Les circonstances apprennent à nous connaître. Chaque épreuve nous fournit une preuve de ce que nous savons faire. Quels mérites me reviennent personnellement ? Ce ne sont pas les richesses, encore moins les honneurs mais l'usage que je fais de ma volonté. Pour Descartes, le meilleur enseignement dont nous disposons pour porter un jugement éclairé sur nous-mêmes est « l'empire que nous avons sur nos volontés ». Qu'est-ce qui la contrarie ? Jusqu'où résistera-t-elle devant les tentations faciles et les décisions paresseuses. À l'issue de ces combats, nous prenons la mesure de nos forces et de nos faiblesses. Un atout majeur pour la conduite de nos affaires. Mais l'accumulation de ces preuves ne constitue pas un trésor acquis une fois pour toutes. Surtout ne jamais s'endormir sur ses lauriers ! Dans le domaine moral et pratique rien ne nous est crédité. Ce qui a été fait, il faut le refaire.

À la foi, poursuit Alain, doit se joindre l'espérance. En chemin les montagnes se lèvent, les paysages s'assombrissent. Seul, celui qui ne tente rien ne rencontre nul obstacle. Donc, se décourager avant de commencer n'est pas vouloir : « Essayer avec l'idée que la route est barrée, ce n'est pas essayer. » Le monde est le lieu de l'indifférence. Il ne promet rien, ne cède ni à la prière ni à la menace. L'homme fait son destin dans un monde qui ne se soucie pas de lui. Mais il peut s'appuyer sur sa constance. La nature obéit à des lois immuables. Les connaître permet de mieux ajuster les moyens pour vaincre l'obstacle : le pêcheur fait avancer sa barque « contre et par la force » du vent. Le déterminisme accorde tout pouvoir à l'homme quand le fatalisme qui prévoit tout le rend paresseux et impuissant.

Enfin, on n'agit pas dans un désert : les hommes sont toujours de la partie. Alors, il faut croire en eux. Se disposer à les juger favorablement, leur faire confiance. Leur attribuer cette foi et cette espérance, c'est la charité. Parier sur l'autre : « Le prendre au niveau où on voudrait qu'il fût, être sûr de lui non d'après lui mais d'après soi-même. [...] Ce n'est pas à lui de donner des preuves, c'est à nous. » Si je le veux, l'autre n'est qu'une ombre. Si je le veux, il est un homme. Croire au mal en tout et en tous est une tentation facile. Il faut rompre le cercle de la méfiance, être généreux. Initiative insensée, la confiance fonde pourtant la probité du partenaire. Quand quelqu'un nous prête de l'estime, nous cherchons à la mériter, à ne pas le décevoir.

Foi, espérance, charité, les trois vertus théologales de la pensée chrétienne fournissent les clés de l'action. Celui qui croit en lui, en l'autre, au monde, qui peut le décourager ?

LE DÉSIR DE RECONNAISSANCE

LE DÉSIR D'ÊTRE AIMÉ NOUS CONSOLE d'être mortel. C'est un désir sans limite, une passion. Ici il faut quitter les routes balisées de la sagesse épicurienne pour d'autres plus chaotiques et imprévisibles. On ne peut assigner l'âme en résidence surveillée : pour le meilleur et pour le pire, elle ne se contente pas des besoins limités du corps : « L'âme peut, elle aussi, vivre bien, en en partageant la jouissance ; mais ses visées sont vastes et d'accès difficiles ; et cela n'est en rien utile à la nature et comporte des risques… », met en garde Lucrèce. La nature, il est vrai, se moque de nos états d'âme ! Ces risques, ces visées lointaines et improbables nous les réclamons.

Le pouvoir, les honneurs, la renommée, la richesse sont désirs d'amour. Même si nous n'avons pas toujours l'ambition ni la vocation de régner sur un empire, un État et de faire l'histoire, nous voulons être reconnus. Nous l'avons été à notre naissance sans n'avoir rien eu à faire que de naître. Quel mérite à cela ? Mais ce temps où il suffisait d'apparaître pour exister est bien loin. Il faut se dégriser de son enfance : l'époque bénie où nous étions les petits rois d'un conte de fées. « Adoration, éloges, promesses », qualifie ce premier âge, relève Alain. Nos premiers balbutiements sont applaudis. Plus tard, devenus adultes, tous nos efforts passeront inaperçus. Nos grands discours se perdront dans la cacophonie du monde. Nos faits et gestes resteront dans l'anonymat. Être une grande personne, personne, du latin *persona* : un masque de théâtre.

La reconnaissance est donc à reconquérir. Notre existence n'a pas d'autre orientation. S'émanciper signifie se prendre par la main quand celle de nos parents nous a lâché. Les papiers d'identité ne disent rien de ce que je suis. Je dois me reconnaître l'auteur et le créateur de mon identité. Mais la conscience de soi ne peut s'atteindre qu'au contact d'une autre conscience de soi.

Si moi seul peux savoir ce que je vaux, je n'en demeure pas moins l'esclave de l'estime des autres. Hegel a parfaitement analysé ce désir de reconnaissance et d'amour. L'unité du moi passe nécessairement par l'altérité. Le témoignage des autres, leur reconnaissance ne tente plus de combler un souci de connaissance mais bien un désir d'existence. Je désire ce que l'autre désire pour partager ses valeurs, exister socialement. Derrière l'objet convoité ce sont les signes, les symboles de cet objet que je veux m'approprier. Comme si l'on pouvait donner corps à ce qui n'en aura jamais. Les signes consommés, aussitôt consumés ne laissent aucune trace : ces parures de papier ou bien griffées modifient un besoin vital en vanité. Au-delà des besoins strictement nécessaires, je consomme pour exister. Persuadé que la frénésie de la possession peut suppléer une carence d'être. Que paraître est peut-être le seul moyen pour exister.

La reconnaissance semble un désir aussi avide que vide : je ne serai jamais perçu à l'aune de ce que je vaux. Et quelle valeur puis-je justement m'octroyer ou réclamer ? Au fond, seul l'amour que je donne et reçois, la tendresse, l'amitié, les sentiments partagés et non ostentatoires peuvent étoffer cette reconnaissance, contribuer à me (ré)conforter dans ce que je suis. Il faut accepter cette reconnaissance comme la moins imparfaite et garder, comme l'on dit, par-devers soi, nos doutes et nos inquiétudes concernant notre propre réalité et identité.

L'ENVIE

A QUOI RECONNAÎT-ON L'ENVIEUX ? IL souffre des perfections d'autrui. Il désire son argent, son talent, sa réussite… « Pourquoi lui et pourquoi pas moi ? N'en suis-je pas digne ? Ne mérité-je pas aussi de posséder tout cela ? » Peut-être. Alors, au travail ! À mon tour de montrer que je suis capable d'en faire autant (certainement mieux, d'ailleurs !). Mais l'envieux ne fait rien. Il se dessèche sur place, meurt d'envie. Si tout est difficile, tout s'acquiert au fur et à mesure. L'envieux préfère l'ignorer. Il désire sans vouloir. N'obtenant rien, et pour cause, il accuse la malchance. Mais pour favoriser la chance il faut commencer par se donner les moyens d'atteindre son but. L'envieux voit le résultat, pas le chemin qui y conduit. Sa pensée est abrégée. Si les envieux « pensaient aux moyens, observe Alain, ils seraient depuis longtemps au travail ; ils avanceraient ; ils jugeraient mieux de leurs rivaux ; ils n'en seraient point jaloux ».

L'envieux sans estime pour l'autre n'en reçoit pas davantage : il attire le mépris. Son malheur redouble. Il est victime d'un jugement erroné. Cela se rectifie. Le plaisir ne vient jamais seul : il accompagne l'action. Courage et travail effaceront bientôt son image de spectateur dégoûté, ruminant sa haine et son triste destin.

Il existe une saine émulation, une rivalité sans violence par laquelle nous parvenons à dépasser nos aigreurs. Cherchons à admirer quelqu'un plutôt qu'à l'envier. Mieux vaut le prendre en exemple qu'en faire un modèle. Ne pas s'identifier à lui mais l'égaler en se distinguant. La bonne envie nous invite à un joyeux combat. Elle stimule notre vaillance, notre désir de nous montrer digne face à un rival estimé. Pour les Grecs, il existe une bonne Éris, la lutte, sœur d'Éros, l'amour.

LA JALOUSIE

Le jaloux veut être le seul à aimer l'autre, à l'envelopper de son amour, à savoir le rendre heureux. Il le pare de bijoux précieux et lui tresse des couronnes de roses. C'est sa générosité. Mais l'idée que ces perfections puissent être salies par d'autres que lui le désespère. L'étranger, l'extérieur ne risquent-ils pas de mettre en péril son beau chef-d'œuvre ? Dans ces méandres de la conscience, suivons Spinoza : « Nous faisons tout, autant que nous pouvons, pour que la chose aimée nous aime elle aussi ; c'est-à-dire que la chose aimée soit affectée d'une joie accompagnée de l'idée de nous-mêmes. [...] Aussi, plus grande est la joie dont nous imaginons que la chose aimée est affectée à cause de nous [...] plus grande est la joie avec laquelle nous nous considérons nous-mêmes, autrement dit plus nous nous glorifierons. » Le jaloux se sent lésé : son rival lui vole une part de gloire, prend un morceau de sa couronne pour la poser sur sa propre tête. Un poignard se retourne dans ce cœur passionné : « Ce plaisir si charmant, c'est ton rival qui en jouira » (Stendhal). Aussi posséder ne suffit pas au jaloux. Il veut savourer la jouissance de tous les instants. La jalousie réveille notre amour-propre. S'ajoute une ironie toute cruelle : son rival l'intrigue, l'attire, lui plairait presque : un comble ! Cette fascination est encore un mystère de la jalousie : ce qui la contrarie la passionne !

Poursuivons le jaloux dans ses derniers retranchements : s'il était vraiment le seul à aimer, envers et contre tous, jusqu'où résisterait son sentiment ? Une fois encore, Spinoza fait la lumière : si nous imaginons quelqu'un qui « a de l'aversion pour ce que nous aimons, ou inversement, alors nous éprouverons un flottement dans l'âme ». La belle vérité : nous nous efforçons, et pas seulement le jaloux, de faire aimer aux autres l'être qu'on aime. C'est ainsi : à l'élection de notre cher et tendre nous demandons approbation et applaudissement. L'ambition n'est-elle pas à l'origine de la plupart de nos passions ?

Pour se délivrer de la jalousie, disons enfin avec Barthes qui rejoint Spinoza, qu'elle est le produit d'une imagination qui nous attriste à plusieurs titres : « Comme jaloux, je souffre quatre fois : parce que je suis jaloux, parce que je me reproche de l'être, parce que je crains que ma jalousie ne blesse l'autre, parce que je me laisse assujettir à une banalité : je souffre d'être exclu, d'être agressif, d'être fou et d'être commun. » Le jaloux révèle cependant un talent certain. Il joue une comédie romanesque aux multiples rebondissements tragi-comiques. Sa passion travaille, déploie des efforts énormes : le jaloux soupçonne, espionne, échafaude plans et pièges, bref dépense son énergie sans compter — celle du désespoir y compris. Agent très agité de sa folie, il nous offre à méditer la connivence qui existe entre l'amour et la haine.

DE L'INATTENTION

LA VIE EN COMMUN EST UNE SERRE propice au développement d'herbes folles. Dans un bureau, les incidents attendent l'occasion d'éclater : une porte mal refermée, un courant d'air, un café refroidi ou trop sucré, des petits riens qui agacent et contribuent à gâcher la bonne humeur générale. Prendre la vie par le menu, fouiller les détails, épier chaque geste, faire festin autour d'une miette et nous aurons la mauvaise impression que le monde est contre nous. Il est si commode de lui attribuer des intentions imaginaires !

C'est pourquoi, une subtile dose d'inattention rend la vie supportable. L'inattention : « un art royal » selon Alain. Bien souvent nos contrariétés proviennent d'un regard trop soutenu à ce qui n'en mérite pas : un téléphone qui ne sonne pas à l'heure, une confusion sur notre nom, un mot de remerciement qui se fait attendre… Pourquoi y voir des signes de malveillance à notre égard ? N'est-ce pas tout ramener au souci de soi ? Encore une fois, essayons de sortir de notre petit moi pour nous voir comme un autre !

Le délire d'interprétation fait grincer les rouages de la sociabilité. Il ouvre grand la porte aux malentendus. Inutile de les multiplier sans nécessité ! Il faut alléger, assouplir notre relation à soi, aux autres, au monde. Oxygéner, ne pas alourdir. La politesse peut être cet art d'harmoniser et de simplifier la vie en société. Savoir oublier, et s'oublier soi : ne pas s'attarder sur nos humeurs et nos faiblesses d'estomac et notre mauvais sommeil. Sans qu'on y prenne garde elles s'évanouiront d'elles-mêmes comme le vent chasse les nuages. Notre sensibilité ne doit pas se dégrader en susceptibilité. Les résidus de l'existence ne méritent pas qu'on leur accorde audience et crédit. Il y a une stratégie qui consiste à faire la sourde oreille et à fermer les yeux. Elle ne relève pas de l'égoïsme mais du savoir-vivre et du tact : Pascal la nommait l'esprit de finesse.

« Il y a un genre d'insouciance, dit encore Alain, qui est une grande et puissante ruse. » Cette protection filtre ce qui est digne d'être retenu ou non. S'exerce alors une attention fraîche, absolument concentrée, qui perce par quelques regards profonds, vifs éclairs, l'essentiel de ce qu'elle veut voir. Un tableau regardé trop longtemps et à mauvaise distance se brouille, tels ces surprenants portraits d'Arcimboldo, composés de fruits, de fleurs, de coquillages et de poissons. Vus de près, les visages se décomposent et ressemblent à des corps en putréfaction.

LE RIRE ET LE SÉRIEUX

GARDER SON SÉRIEUX : CETTE EXPRESSION sous-entend qu'on puisse le perdre à chaque instant, qu'il n'y a pas de sérieux en soi. Les affaires humaines, disait Platon, ne méritent pas qu'on les prenne au grand sérieux et pourtant il faut l'être ! La prise au sérieux provient d'un regard que nous jetons sur la vie, un éclairage relatif à notre destinée. L'esprit sérieux, lui, demeure solennel en tout ce qu'il fait, pense et dit. Il ne cède pas aux tentations de la frivolité et du libertinage, demeure insensible aux chants des sirènes. Il est absolument concentré. Aux deux sens du terme : il s'engage entièrement dans ses décisions, fonce à corps perdu dans ses sentiments. Son caractère « entier » apparaît dans chacun de ses gestes.

« L'homme sérieux, s'il existe, ajoute Merleau-Ponty, est l'homme d'une seule chose à laquelle il dit oui. » N'est-ce pas une définition du fanatisme ? La vérité qui sombre en folie pure. Il existe une fureur de l'esprit, dont seul l'humour nous préserve. Le rire dénoue et délasse. Nous dégage de l'étreinte de la pensée. « À chaque trait d'esprit, dit encore Alain, il meurt un système. » Le rire est une précaution pour ne jamais se croire, une secousse de secours qui piège le conformisme. Un vent de liberté. Aussi, seul un esprit libre véritablement sait rire. Et son rire clair, éclatant, lumineux s'oppose aux rires tonitruants. Aussi « l'unique chose sérieuse de la vie, c'est le sourire. La seule chose sérieuse ici-bas, c'est l'humour », reconnaît Jankélévitch. L'humour vagabond est philosophe.

Calliclès reprochait à Socrate de faire l'enfant au lieu de s'occuper de choses utiles et importantes. Le *Philèbe*, dialogue de Platon, examine une question essentielle : quels biens procurent aux hommes une vie heureuse : Est-ce le plaisir, la sagesse ou un peu les deux ? Cherchant à démasquer la fausseté de certains plaisirs, Socrate lance : « Approchons donc comme des athlètes et attaquons ce sujet ! » Socrate ironise, s'en va en oubliant de conclure. En ce sens, la philosophie n'est pas une occupation sérieuse et passe pour s'adonner à la futilité même. Elle examine une idée et son contraire, les médailles et les revers de toutes choses. Elle refuse de s'installer dans un savoir constitué. Ses vérités sont transitoires, ambivalentes.

L'expression commune : « Prendre la vie avec philosophie » signifie accepter les choses comme elles viennent, se faire une raison. Mais seul le rire console et réconcilie. Il est une grâce. Impromptu, spontané, il oxygène notre esprit. Tel un roulement de tonnerre, sa déflagration déchire, enfin, notre masque impassible et insensible. Nous prenons nos jouets au sérieux, remarque Plotin, ignorant que nous sommes nous-mêmes des jouets ! Le rire nous rappelle joyeusement et avec tendresse notre humble condition : en cela, il fait de nous des seigneurs.

LES PETITS MALHEURS

AVEC LES STOÏCIENS, LES GRANDS malheurs sont entre des mains expertes. Ils expliquent comment supporter l'insupportable. Accepter, attendre que l'orage passe : tout ne dépend pas de nous. Du pire on tirera quelque chose de profitable. Volonté, patience et détachement : le bonheur repassera.

L'éventualité de grands accrocs du destin dans le fragile tissu de nos existences devrait nous faire adhérer sans réserve à l'équation limpide d'Épicure : absence de douleur = plaisir. C'est vrai pour le corps : faim et soif éteintes, l'équilibre physique atteint, nous nageons dans le bien-être. Mais il existe des malheurs si minuscules qu'on a honte de les éprouver, autant de les confier, par peur d'attirer sur soi le ridicule ou la pitié. S'agit-il des soucis ? L'esprit tracassé est au moins occupé à régler l'affaire. Une jambe dans le plâtre ? La convalescence ne durera pas. Une brouille avec un ami : à moi de faire le premier pas, de dissiper le malentendu. Ces problèmes ont des causes, en remontant la chaîne je peux agir sur elles et démêler les fils. Mais comment résoudre un problème sans cause identifiable, guérir d'une maladie imaginaire, donc sans remède connu ? Comment se libérer, enfin, de l'ennui ?

Nul mieux que Baudelaire n'a décrit ce « monstre délicat », armé d'une patience infinie. L'ennui démolit scrupuleusement notre existence « sans grands gestes ni grands cris ». Le monde, les autres, les couleurs virent au gris. Tout devient insipide, sans rime ni raison. N'y voyons pas la responsabilité de l'uniformité : la diversité parvient tout aussi bien à nous lasser. J'ai tout pour être heureux et je m'ennuie, quel scandale ! Jankélévitch relève le paradoxe : « L'ennui souffre, non pas malgré son bonheur, mais, ce qui est le comble de l'absurde et de la dérision, à cause de lui. » L'ennui serait-il une maladie de luxe et de la pensée ?

L'ennui est le malheur du bonheur. Qu'une chose ardemment désirée advienne : elle se dissout, creuse un vide mortel au lieu de nous combler. Si la possession nous déçoit c'est qu'il nous manque encore quelque chose. Quel est ce but qui fuit à l'infini devant notre désir ? Quand il n'y a plus de problèmes concrets, reste celui de notre finalité : à quoi rime notre présence sur la terre ? L'ennui ne naît pas de la vacuité des choses et des êtres : il est la vacuité de l'âme qui se sent être le vide. On s'ennuie d'être : « La conscience qui n'adhère plus à sa propre personnalité réalise le caractère bizarre et lointain de son origine et ne comprend plus, elle l'éternelle absente, l'éternelle étrangère, pourquoi elle est ainsi jetée en ce lieu plutôt qu'en un autre, à présent plutôt que lors », écrit Jankélévitch avec des accents pascaliens. L'ennui trahit la présence de l'âme, présence qui se révèle comme une vacuité !

Nous craignons la mort, mais s'ennuyer, n'est-ce pas boire sa mort à petits traits ? Nous courons après le temps, désirons l'immortalité et nous nous prélassons d'ennui ! « Chacun sort de la vie comme s'il était à peine né » s'indigne Épicure (*Sentences vaticanes* 60). Qu'importe la durée si notre temps a été effectivement vécu. L'idéal : passer sa vie en revue et se dire qu'on n'y pourrait rien retrancher. « À la rapidité du temps, recommande Sénèque, il faut opposer notre promptitude à en tirer parti ; ainsi quand on puise à une chute d'eau rapide mais qui ne coulera pas toujours, il faut se hâter de puiser » (*De la brièveté de la vie*). Et non bâiller…

Mais l'ennui déplie le monde comme une carte : les reliefs et les perspectives n'y figurent pas. « Cet œil dessèche toutes les joies », observe Alain. Pouvoir aller n'importe où et devenir n'importe quoi devient désespérant : on ne sait plus que devenir et où aller. C'est l'appel du vide. Consentir au désespoir, c'est bientôt s'y consacrer. La force de notre volonté se charge alors d'abdiquer toute volonté. Il faut toujours refuser cette pente, se jurer qu'on n'y glissera pas. Le remède n'est ni de tuer ni de tromper le temps mais de le passer. C'est à la conscience de faire passer le temps, et non au temps de passer à l'insu de la conscience. « Je suis moi-même le temps », affirme Merleau-Ponty. La seule « prise » que nous avons sur lui est de l'incarner, d'y fondre notre histoire : « Une heure n'est pas qu'une heure, c'est un vase rempli de parfums, de sons, de projets et de climats », lit-on dans *Le Temps retrouvé* de Marcel Proust.

Attendre au lieu de faire est passion la plus terrible, marais où mille autres viennent s'abreuver. Si l'oisiveté est mère de tous les vices selon le dicton populaire ne divinisons pas non plus le travail. Tâchons d'être au moins l'auteur et l'acteur de notre vie pour ne pas la subir.

L'AMOUR À DEUX

DANS *Le Banquet* DE PLATON, Aristophane, le célèbre poète comique, expose l'origine et la nature du désir : c'est le mythe de l'androgyne. Aux origines, raconte Aristophane, il y avait trois sortes d'humains : l'homme double, la femme double et l'androgyne. Tout ronds comme des œufs, ces drôles d'êtres possédaient quatre bras et quatre jambes. Se suffisant à eux-mêmes ils ne désiraient rien. Leur nature exceptionnelle leur donna de l'audace : un jour, ils voulurent en découdre avec les dieux. Pour les punir de leur orgueil, Zeus décida de les couper en deux ! De cette blessure à fleur de peau serait né le désir : « Quand le corps eut été ainsi divisé, chacun, regrettant sa moitié, allait à elle ; et, s'embrassant et s'enlaçant les uns les autres avec le désir de se fondre ensemble. » Dans leurs étreintes si ardentes ces êtres se laissaient mourir de faim et d'inaction. Pris de pitié devant ce spectacle, Zeus imagina un autre expédient : « Il plaça donc les organes sur le devant et par là fit que les hommes engendrèrent les uns dans les autres, c'est-à-dire le mâle dans la femelle… C'est de ce moment que date l'amour inné des hommes les uns pour les autres : l'amour recompose l'antique nature, s'efforce de fondre deux êtres en un seul, et de guérir la nature humaine. »

Notre désir, que la sexualité ne saurait épuiser, aspire à la totalité, recherche l'union parfaite dont nous avons gardé, en creux, la nostalgie. L'amour est à la fois la blessure et le remède à cette blessure. Son ambivalence tient à ce mélange de plénitude et d'imperfection, d'être et de non-être. Aussi Platon range-t-il Éros parmi les « démons » : un messager entre le fini et l'infini.

Ce mythe de grande beauté trouve un fort écho en nous tant nous sommes épris d'Absolu, c'est-à-dire de l'Un. Pourtant difficile de dissiper cette illusion : l'union ne peut prétendre à l'unité. D'un côté nous rêvons l'extase : mais l'amoureuse perdition, s'abîmant et se dissolvant en l'autre, éteint l'amour : bientôt il n'y aura plus d'amant pour l'aimé. Aimer l'autre à en mourir est une absurdité. Le sacrifice poussé à l'extrême se contredit lui-même.

D'un autre côté, nous éprouvons un désir de possession. Cependant, l'amour accapareur, qui en l'être aimé cherche sa propriété, est voué à l'ennui et finit lui aussi par mourir d'inanition. L'amant consomme et consume l'autre : glouton plutôt que glamour ! Amour égoïste et vorace où il n'y aura bientôt plus d'aimé à aimer. Maintenir une distance avec l'autre est la condition pour avoir encore quelqu'un à aimer ! L'amour se déploie dans cette distance fragile, inassignable sur la carte du Tendre…

Toute passion, a analysé Ferdinand Alquié, est désir d'éternité. En refusant le temps, le passionné privilégie l'être à la valeur. La valeur apparaît comme ce qui doit être, une tâche à réaliser. L'être, à l'inverse, est quelque chose de solide et précis sur quoi on peut se reposer. Il appartient au présent et au passé. Vouloir le bien de celui que l'on aime c'est le vouloir au futur. Or le passionné veut revivre son passé. Comment aimer pleinement le passé de l'autre ? Le passionné n'aime pas l'autre pour lui-même mais pour ce qu'il symbolise, rappelle et réveillc. Cet amour a un arrière-goût de tristesse. Alquié poursuit : « L'amour action suppose au contraire l'oubli de soi, et de ce que l'on fut ; il implique l'effort pour améliorer l'avenir de celui que l'on aime. »

L'être aimé incarne une promesse de bonheur. L'amour préfère ce qui n'est pas encore à ce qui est. « Participant à cette constante création qu'est le cours du monde, il entreprend de transformer l'être selon la valeur » (Alquié). L'amour voit et veut grand. C'est pourquoi il est souvent plus tyrannique que la haine : il cherche à sauver ce qu'il aime, veut sa perfection. Les querelles d'amoureux ne parlent que d'amour…

S'arracher à soi pour s'attacher à l'autre. Vivre pour soi pour vivre pour l'autre. Double alchimie. L'amour s'exalte à la fois aimé et aimant. Dans l'amour partagé, dit Jankélévitch, « tout se passe comme si l'amour dont je suis aimé était un ingrédient de l'amour par lequel je vous aime. » Non pas aimer l'amour comme Casanova, mais aimer ce que nous bâtissons nous deux. Parfois, nous projetons sur l'être aimé nos fantasmes, nos regrets ou nos hantises. Il devient alors un miroir où nous cherchons notre propre reflet. Mais Narcisse n'aime que lui. Si l'amour a un besoin vital d'idéaliser l'autre par un processus de cristallisation décrit par Stendhal, il ne doit pourtant pas supprimer la distance entre le Je et le Tu. Cette distance permet l'acceptation de l'altérité et le respect de l'autre. Mystère et interrogation perpétuelle, l'amour s'alimente de son incomplétude.

LA MORT

« On peut se mettre en sûreté contre toutes sortes de choses, mais en ce qui concerne la mort, nous habitons tous, tant que nous sommes, une cité sans défense. »
(Épicure, *Pensées maîtresses*, XXXI.)

J*e me meurs !* EST UNE RÉPLIQUE DE théâtre. Scène tragi-comique où le héros s'effondre dans ses costumes bariolés sur un plancher creux. Le rideau de velours tombe avec plus de réalité. Dans la vie qui n'est pas toujours aussi grave mais sûrement plus sérieuse, mourir est le seul verbe impossible à conjuguer à la première personne de l'indicatif présent. Verbe absolument intransitif. Vérité de M. de La Palice : quand la mort surgit je ne suis déjà plus là, quand elle n'est pas encore là, je suis vivant. Au fond, la mort ne nous concerne pas et c'est vraiment chose fabuleuse ! Toujours soucieux de rassurer le pauvre mortel, Épicure conseille : « Prends l'habitude de penser que la mort n'est rien pour nous. Car tout bien et tout mal résident dans la sensation : or la mort est privation de la sensibilité. [...] On prononce donc de vaines paroles quand on soutient que la mort est à craindre non parce qu'elle sera douloureuse étant réalisée, mais parce qu'il est douloureux de l'attendre. Ce serait en effet une crainte vaine et sans objet que celle qui serait produite par l'attente d'une chose qui ne cause aucun trouble par sa présence. »

L'angoisse naît de la certitude que nous allons mourir et de l'incertitude quant au moment et aux circonstances. La mort est à la fois prévue et imprévisible. On ne peut se préparer à mourir. Quelles précautions prendre ? Il n'y a pas de régime à suivre ni d'antidote à administrer, la mort n'est pas une maladie, fût-elle la maladie suprême. On meurt parce qu'on est vivant et non parce qu'on est malade. La mort n'est pas l'incurable mais l'inéluctable. On ne connaît pas de banalité plus surprenante ni d'évidence aussi mystérieuse. La mort n'offre pas davantage prise à la méditation. De toute façon, rappelle Kierkegaard, « elle n'a jamais sollicité le secours du penseur ». La pensée rôde et glisse sur elle comme la pluie sur une vitre, impuissante à la pénétrer. Mourir c'est devenir rien, ne rien devenir : un passage impensable vers nulle part. La mort est l'indicible qui nous laisse muet.

Sans doute le vieillard pense autrement à la mort que l'homme jeune. La jeunesse se sent éternelle : pour l'étudiant en philosophie la mort est d'abord un thème stoïcien. Jusqu'au jour funeste où il découvrira une ride, des cheveux blancs, la trace, enfin, du passage dévastateur du temps. La mort devient alors une affaire personnelle. Subitement et pour la première fois elle me concerne : prendre conscience de ce que l'on savait déjà n'est-ce pas le sens du mot expérience ?

Dans sa prison, sachant qu'il est condamné à boire la ciguë Socrate décide d'apprendre à jouer de la lyre. Comme on lui demandait pourquoi, il répondit : « Pour la savoir avant de mourir. » Aussi imminente soit-elle, la mort ne doit pas remettre en cause nos raisons de vivre : tenter de connaître quelques bribes de ce monde avant de le quitter à jamais. Platon raconte qu'un disciple de Socrate, Apollodore, s'indigna et pleura de rage à la mort du sage. Deuil incompréhensible, scandaleux : Socrate peut mourir ! La vie exemplaire d'un grand maître qui se termine en fait divers. Tous nous alimenterons la rubrique « Décès ». Cette absurdité, cette évidence ridicule, mais jamais risible, s'inscrit sur un fond de mystère de l'Être, le mystère de l'Être. Mot en majuscule forgé par les philosophes pour signifier le fait miraculeux et insensé d'être un existant parmi des milliards d'autres.

LES MORTS FONT VIVRE LES VIVANTS

La mort frappe en étrangère et pourtant nous la portons en nous depuis le ventre de notre mère. La vie se maintient entre des forces contradictoires. Pour se conserver elle lutte et résiste à quelque chose qu'elle porte en elle et qui est la mort. Que le contraire de la vie, la mort, soit identique à elle-même est intenable pour la pensée. Pourtant, l'esprit doit supporter cette contradiction. La vie est la mort. Le berceau, déjà un tombeau.

En peinture, les natures mortes rappellent mélancoliquement l'absurdité de notre condition temporelle. Au Siècle d'or, les peintres hollandais fêtent les ripailles de la vie : sur les brocarts et les tapis d'Orient les fruits roulent des corbeilles, les victuailles offrent une chair encore palpitante de vie, les brassées de fleurs se mêlent aux fruits fraîchement cueillis. Dans ces noces de la nature et de la culture, parmi cette vitalité bouillonnante, l'idée de la mort est omniprésente : des couverts bousculés, une miche de pain rompue, une grappe de raisin entamée, une coupe renversée… Un désordre discret apparaît comme si les convives venaient de s'absenter de la scène, laissant des traces de leur passage avant d'être brutalement emportés dans l'au-delà.

La nouvelle d'un décès n'a pas le même retentissement sur nous. D'un côté la mort anonyme et lointaine d'Autrui qui, somme toute, me laisse indifférent. De l'autre la mort qui me désigne personnellement du doigt, à laquelle je n'échapperai pas. Entre les deux, si l'on ose dire, il y a la mort du proche, de l'ami, de l'aimé, *ta* mort. *Ta* mort est *presque* la mienne, *presque*. Elle nous déchire, nous prive d'une partie de soi. Ce face à face avec la mort survient vraiment lorsque nos parents viennent à disparaître. Selon l'ordre des générations la prochaine fois ce sera mon tour. Avec eux, dit Jankélévitch, tombe « le dernier glacis ».

Et le souvenir de ces morts est entêtant. Dans notre pensée les morts restent vivants. Ils sont parmi nous, en nous. Nous conseillent et nous accompagnent le long de notre vie, tant nous sommes, devant la mort, incapables d'adopter des conduites de deuil. Bien souvent, nous appelons les conseils d'un être cher et disparu : « Qu'aurait-il fait ? Que m'aurait-il dit ? » Nous pouvons bien aller fleurir les tombes pour les interroger. Ne jamais plus évoquer le souvenir d'un être connu, ne jamais plus se remémorer ses paroles, n'est-ce pas l'enterrer deux fois ? Pour revenir, le passé a besoin de quelqu'un qui se souvienne. Si je n'y songe pas, qui d'autre le ressuscitera ? C'est pourtant un moindre égard que nous leur devons, un devoir de mémoire qu'ils réclament peut-être : « Et regardez bien, écoutez bien, souffle Alain : les morts veulent vivre ; ils veulent vivre en vous ; ils veulent que votre vie développe richement ce qu'ils ont voulu. Ainsi les tombeaux nous renvoient à la vie. Ainsi notre pensée bondit joyeusement par-dessus le prochain hiver, jusqu'au prochain printemps et jusqu'aux premières feuilles. J'ai regardé hier une tige de lilas dont les feuilles allaient tomber, et j'y ai vu des bourgeons. »

Dans le recueillement, tout me parle de la mort et en même temps tout me parle de la vie. Penser c'est apprendre à mourir, dit Platon. La philosophie est méditation de la vie, affirme Spinoza. Au fond, avance Jankélévitch, n'ont-ils pas raison tous les deux ?

LA BONNE ADMIRATION

Une cruche n'a rien à nous apprendre. Mais on remarquera qu'elle possède deux anses. C'est la même chose pour les passions : bonnes ou mauvaises, tout dépend du côté par lequel on les prend. Voyons l'admiration, la première de toutes les passions ! Bien creuse quand elle nous laisse bouche bée et nous change en statue. Telle est la première époque de l'amour selon Stendhal. Il est préférable de ne pas s'y attarder. L'admiration doit nous fortifier, pas nous pétrifier ! La nouveauté, la rareté et l'extraordinaire ont de quoi nous surprendre. Passé ce premier moment de stupéfaction il faut aller voir de plus près, percer le mystère. La « subite surprise de l'âme », souligne Descartes, doit se muer en connaissance. Le corps ébranlé, la pensée se met en marche : « Ceux qui ne sont pas admiratifs, poursuit le philosophe, sont ordinairement fort ignorants. » Donc l'admiration, passion active, invite à dévoiler le merveilleux, qui cessera bientôt de l'être : ce que l'on connaît ne nous éblouit plus du tout !

Parfois, l'admiration cherche à égaler ce qu'elle admire, tourne en curiosité indiscrète comme si elle revendiquait un droit sur l'admiré. Admirez-moi de vous admirer ! Son innocence est perdue, elle devient suspecte ; l'admiration ne regarde plus au loin : son regard revient à elle, réclame la monnaie de sa pièce !

S'émerveiller de tout, en rester à cet étonnement stérile est pure « niaiserie », ajoute Descartes. Admirer ce qui le mérite, oui, à condition d'en retenir quelque chose d'utile. Et qu'est-ce qui mérite notre admiration sinon le Beau, le Vrai, le Bien, le Juste. « J'admire beaucoup ce que vous faites — mais ce que vous faites au fond je ne veux pas le savoir. » Voilà comment être « aveuglement curieux », dit encore Descartes. C'est allumer une lumière et refermer la porte derrière soi.

LA BELLE ÂME

LA BELLE ÂME PORTE EN ELLE TOUS les rêves du monde : elle veux être artiste et homme d'affaires, père de famille et aventurier, poète et musicien. Faut-il lui rappeler qu'on ne peut pas être à la fois tout et quelque chose d'autre ? Toute détermination est une négation : choisir c'est exclure. Être pharmacien c'est renoncer à être capitaine au long cours… La vie est une succession de deuils.

« Le plus beau rêve, et le plus passionnant, ne vaut sans doute pas une humble minute d'existence ou de possession affective », prévient Jankélévitch. Voilà qui replace les nuages au ciel et pose les pieds sur terre. Notre conscience se dégrise sur-le-champ. Mais la belle âme s'invente d'autres ivresses : limitée par la réalité, elle se refuse à l'action et se livre éperdument au libre jeu de son imagination. Aux déterminations concrètes de la réalité, elle préfère s'installer dans l'improbable royaume des possibles. À l'existence sans forme elle préfère la forme sans existence. La belle âme transforme la réalité en apparence et l'être en pur évanouissement. Son existence devient métaphore, poésie, fable, mythe. En s'éloignant du réel et de l'action elle dépérit. Comme le séducteur de Kierkegaard, elle ne connaît plus que l'ennui, l'apathie, la paresse et le dégoût : « Je ne puis monter à cheval, le mouvement est trop vif ; je ne puis aller à pied, cela me demande trop d'efforts ; je ne puis rester couché, car il faudrait rester couché et cela je ne le puis ; ou il faudrait me relever et je ne le peux. »

L'âme rêveuse se replie dans une coquille vide, son existence lui échappe. Sa conscience n'a plus de substance, pas un os de réalité à ronger. Elle s'évanouit telle une « vapeur sans forme qui se dissout dans l'air » (Hegel).

Ayant perdu son système de références, elle est profondément désengagée, démoralisée. Quand tout se vaut, rien ne vaut rien. Être ou ne pas être, c'est égal ! Le rêve tourne au cauchemar.

La belle âme passe son temps à imaginer sa vie pour ne pas se compromettre avec le monde. Au fond, elle préfère ne rien toucher plutôt que de renoncer à sa vaine et précieuse harmonie intérieure. Derrière cette attitude se cache un délire de pureté, le refus de se compromettre avec le monde extérieur. Concentrée sur les merveilles de son âme, la malheureuse s'engloutit à l'intérieur d'elle-même : « Clarifiée jusqu'à cette pureté transparente, la conscience est dans sa figure la plus pauvre, et la pauvreté qui constitue son unique possession est elle-même un mouvement de disparition », analyse Hegel. Il lui manque la force de sortir de soi, de se faire autre, l'aliénation étant la condition indispensable pour exister.

Pire n'est pas de prendre ses rêves pour la réalité. Mais de convertir la réalité en un rêve. Comme si l'infini ou l'absolu pouvaient être des modes d'existence ! Vivre c'est se confronter à l'altérité, se coltiner avec le réel et la contingence, la matière, l'impur. Péguy commente ainsi la philosophie morale de Kant : elle a les mains pures, mais, aussi, elle n'a pas de main…

LA CARESSE

SEULE LA CARESSE MUETTE ET aveugle exprime l'amour, participe de son mystère. La caresse ne vise pas simplement à toucher la peau soyeuse et veloutée de l'autre. Elle va au-delà de ce qu'elle touche. Dans ses méandres elle cherche sans savoir ce qu'elle cherche. Irréfléchie, évasive, sans plan ni projet, elle s'absorbe dans son mouvement répété. L'errance est son essence même.

La caresse explore sans rien trouver, convoite sans jamais posséder, effleure la peau sans la pénétrer. Évoquons les amants de Lucrèce : « Ils ne peuvent rassasier leurs yeux du corps qu'ils contemplent, leurs mains n'ont pas le pouvoir de détacher une parcelle des membres délicats et elles errent incertaines sur tout le corps. » Leur lutte frénétique est vouée à l'échec : « Vains efforts, puisque aucun des deux ne peut rien détacher du corps de l'autre, non plus qu'y pénétrer et s'y fondre tout entier. » Insatiable, exclusif, l'amour ne connaît pas de mesure. Aussi le sage épicurien évitera à tout prix d'être amoureux : l'impossibilité de se fondre dans l'autre, le fait de toujours faire *deux* avec lui, est source de douleur. L'amitié, sentiment plus mesuré et ouvert, apporte davantage de satisfactions.

Mais posséder, connaître, saisir l'autre sont synonymes de pouvoir. La relation amoureuse conçue ainsi échoue fatalement. L'amour doit être une quête, non une conquête. Une initiation plutôt qu'une initiative.

Dans la possession de l'autre, la volupté s'éteindrait. L'autre est moi et séparé de moi. Il est ce que je ne suis pas. Il n'arrête pas le mouvement du désir, mais le renouvelle perpétuellement.

L'amour est une relation avec ce qui se dérobe et fuit devant la lumière. D'emblée, il nous jette dans l'avenir, vers ce qui ne peut être anticipé, donc saisi. « L'avenir c'est l'autre », écrit justement Levinas. Aussi le désir manque encore de ce qu'il a : il « se nourrit de ses propres faims et s'augmente de sa satisfaction ».

Diotime, la grande prêtresse du *Banquet* de Platon, éclaire l'origine de l'amour : il est fils de la pauvreté et de la richesse. Mal logé, vivant dans le dénuement, il est un vagabond inquiet. Mais son dénuement fait toute sa richesse, lui confère audace, magie et charme. La caresse en est la pure expression : inlassablement, elle tend vers ce qui pourrait la combler sans jamais la combler.

FIDÉLITÉ ET SINCÉRITÉ

TOUT NOUS INVITE À L'OUBLI : VALSE de la mode et des idées, changements d'enseigne, frivolité, zapping, rupture, consommation, progrès, vacances, voyages, contrats à durée déterminée… Comment résister au chant des sirènes de l'oubli ? Faut-il refuser de les entendre comme Ulysse sur son bateau ? Aujourd'hui, je fais des promesses. Comment jurer que je les tiendrai demain ? Comment puis-je répondre de moi à travers les miroirs du changement, le flux du devenir ?

Comment jurer fidélité à l'être que l'on aime ? Dans les commencements, cela semble facile : grâce de la nouveauté ! La fidélité va de soi. Puis insensiblement les couleurs vives de l'amour se ternissent comme un fruit perd son éclat luisant. N'est-ce pas tout simplement la faute du temps ? Mais les serments d'amour bravent courageusement le temps. Dire oui pour toute la vie, c'est le dire, en ce qui nous concerne, pour l'éternité ! Un engagement fou, puisque irrévocable. « Oui » : trois voyelles si faciles à dire et qu'un divorce ne défait jamais entièrement…

La fidélité lance un défi à la réalité si précaire et instable. L'amant ne se demande pas comment être fidèle, il est fidèle parce que. L'amour est a fortiori fidèle. Fidèle parce que confiant. Non par devoir mais par un désir volontaire. Je suis fidèle, j'ai la foi : l'un ne va pas sans l'autre. Penser aux possibilités de trahir celui qu'on aime distille le poison du doute : c'est le ver dans le fruit.

La fidélité décide d'extrapoler le sentiment éprouvé au présent en l'engageant au futur. Elle décrète qu'elle ne se reniera ni ne se démentira pas même si elle cesse de croire. Cependant la fidélité n'est pas toujours vertueuse : la rancune, par exemple, qui est fidélité dans la haine, serait bien avisée de se dédire. De même pour l'ingrat, qui garde en mémoire les détails mesquins et autres vétilles : il serait plus généreux de les oublier !

Quand nos convictions s'effritent et que disparaît la confiance, la fidélité a-t-elle encore un sens ? Persister dans un choix qui s'avère mauvais témoigne d'un manque de courage. On demeure fidèle par habitude, donc par lâcheté. Au lieu de rompre le contrat on préfère prendre patience c'est-à-dire endurer la durée. Mais la patience qui n'attend rien, vertu nue du temps, ne présente aucun caractère moral. « La violence qu'on se fait pour demeurer fidèle à ce qu'on aime ne vaut guère mieux qu'une infidélité », prévient La Rochefoucauld. L'auteur des *Maximes* compare ces amours usés et languissants aux calmes plats et ennuyeux de la mer. Et l'amour est un enfant trépignant, gonflé d'espérance et porté par l'avenir. Ses colères et ses tyrannies sont encore plus aimables que l'indifférence de l'égoïste.

Au fond, en restant fidèle sans rime ni raison, je

ne suis plus du tout sincère. Cette résignation ne possède pas la dimension héroïque de l'abnégation, qui décide de mettre son ego en veilleuse ! La fidélité ne s'identifie pas à un exploit sportif ! Le lien forcé entre passé et présent, la conformité à un devoir à tout prix ne donnent pas le ton d'une vie spirituelle. Sans cesse nous devons ajuster nos convictions avec le principe de réalité. Trouver l'accord harmonieux entre notre sincérité et nos fidélités. Abjurer est parfois salutaire. Renier, la pire des infidélités : une trahison.

TOUT SE CONSTRUIT

DEUX ET DEUX FONT QUATRE uniquement quand ma raison les additionne. Quatre est ma création, mon œuvre. Il n'existe que si ma pensée le soutient. Si je lâche les nombres ils se perdent dans la nature. Telle est une des grandes leçons de Kant. Suivons cette idée qui va au-delà des nombres. Ce qui est fait est à refaire. Notre existence s'apparente à la tapisserie de Pénélope, inlassablement nous la faisons et défaisons. Rien n'échappe, si peu, à ce travail de tisserand. La mémoire, l'amitié, l'amour, un savoir-faire, le Bien ne valent que par leurs exercices répétés. Une hirondelle ne fait pas le printemps, chante Aristote dans l'*Éthique à Nicomaque*. L'action nous engage en plein réel et ne souffre ni repos ni répit. Nous voudrions croire encore à la parole efficace, convaincus pourtant qu'elle n'est qu'une chimère : depuis longtemps les mots ne gouvernent plus les choses. Dans notre monde prosaïque le mot n'est qu'un souffle de voix, une pâle image du faire. Nous serons jugés sur nos actes.

L'amour, par exemple, fait comme il dit. Dire ne suffit pas, promettre ne se substitue pas à l'effort recommencé chaque jour. Après être passé devant Monsieur le Maire il faut passer aux actes : « Le mariage, depuis le moment où il est conclu et scellé, est une chose à faire, non une chose faite, avertit Alain. Que l'on se soit laissé marier, ou que l'on ait choisi, il reste que l'on a à passer sa vie, dans la plus grande intimité, avec quelqu'un qu'on ne connaît pas, car le premier amour n'éclaire point. Il faut donc faire au lieu d'attendre. » Idem pour l'amitié qui requiert une main-d'œuvre, une attention continues. Les mérites d'un « monde sans fil » vantés par les publicitaires ne trompent personne. Le fil est invisible, voilà tout. Je noue, je m'attache, je me lie. Je suis pris dans un tissu de relations qui prend des allures parfois de sacs de nœuds. Le règne du relatif nous impose un labeur interminable, exténuant. Notre contingence impose cette nécessité. La réalité nous rappelle à l'ordre et nous somme d'agir quand nous voudrions tout remettre au lendemain. Mais le futur est valable seulement l'outil en main : « Je ferai » fait perdre trop de temps et d'occasions.

Voilà qui nous décourage : reprendre chaque matin le monde sur ses épaules. Et nous désespère, nous les assoiffés d'absolu : nous voudrions nous débarrasser du fatras du relatif, couper les ponts, larguer les amarres. Atteindre l'absolu qui est sans lien. Mais l'absolu ne se rapporte qu'à lui-même : d'une certaine façon, il est le comble de l'inconsistance. Seule la relation est dicible, exprimable. L'immédiat est pauvre et vide. Nous sommes condamnés à recréer notre vie par l'action. Nous vivons de ce que nous faisons. Plutôt qu'une servitude, l'action est fruit de l'inquiétude. Faire est encore le seul moyen de tromper la mort : à défaut de transformer le monde nous convertissons notre anxiété en sérénité. Travailler, surveiller le devoir de ses enfants, jardiner, se cultiver : telles sont encore les nécessités de notre contingence.

AU BORD DE LA MER

COMME UN CIEL DÉSESPÉRÉMENT BLEU, une mer étale finit par ennuyer. Vivement une petite tempête, un orage et tout ce qui l'accompagne, ne serait-ce que pour changer !

Lors de nos promenades, qui ne sont pas des marches aveugles, nous voulons ressentir toute la palette d'impressions déclinée par la nature. Le spectacle de la mer conjugue l'immensité et le mouvement toujours recommencé : l'infini vient s'échouer sur le sable puis s'en retourne. Inspiré par l'océan, Baudelaire consigne dans ses *Journaux intimes* : « Six ou sept lieues représentent pour l'homme le rayon de l'infini. Voilà un infini diminutif. Qu'importe s'il suffit à suggérer l'idée de l'infini total ? »

Kant a précisément analysé cette évaluation esthétique de la grandeur : « Il y a dans notre imagination un effort pour progresser vers l'infini, dans notre raison une exigence de totalité absolue. »

Soulevé par la tempête, l'océan nous fait sentir notre fragilité. Devant les éléments déchaînés, nous éprouvons un plaisir déplaisant, mêlé d'attrait et de répulsion : c'est le sentiment du sublime qui violente notre imagination, l'excède. Elle atteint alors un maximum et ne peut concevoir de grandeur plus grande.

Un paysage sublime nous rend d'abord infime et infirme. Puis notre esprit se sent mis en mouvement : « les forces de l'âme s'élèvent au-delà de leur niveau habituel et font découvrir en nous une faculté de résistance d'une tout autre sorte qui nous donne le courage de nous mesurer à l'apparente toute-puissance de la nature », poursuit Kant. Notre âme se remplit de joie et d'orgueil. Elle jouit d'une liberté illimitée. Nous sentant appelés à des tâches nobles nous relativisons nos tracas quotidiens et nos petites misères : notre esprit prend conscience du caractère véritablement sublime de sa destination, qui est bien supérieure à celle de la nature.

Dans un passage de *Werther*, Goethe rapporte ses impressions ressenties lors d'une promenade au sein d'une nature généreuse et variée : « Je me sentais comme béni des dieux au milieu de cette abondance, et les formes admirables du monde infini remuaient dans mon âme, animant tout d'une vie nouvelle. » Le sublime intimide et stimule, nous renvoie à notre finitude tout en nous élevant : l'humilité ouvre le passage à l'infini.

Qu'en saurions-nous sans ces promenades le long de la mer ou au flanc des montagnes et qui sont, au-delà de l'effort physique, de pures ivresses pour l'esprit ?

L'ESPRIT D'INNOCENCE

LES ARBRES CHANTENT, LES HIRONDELLES sont de retour. Le ciel a des percées bleues. La nature, inlassable, refait ses fleurs. Dans l'air quelque chose danse, une douce ivresse. Voilà le printemps qui rénove nos âmes et nos cœurs. La nature généreuse fait couler sa sève entre nos veines. Nos désirs engourdis par l'hiver partent en caravane. L'esprit léger nous appareillons pour un nouveau monde. Chaque année, c'est le même miracle : nous sommes follement heureux de retrouver ce que curieusement nous avions oublié. Tendre ironie ! Mais sans l'oubli, y aurait-il résurrection ?

Les premiers soleils illuminent les visages : nous avons l'impression de vivre le premier matin du monde. Innocence retrouvée, élan confiant en la vie. « Au fond, écrit Jankélévitch, nous ne demandons qu'à redevenir puérils. » Le printemps nous fait renaître à notre enfance : envie de chanter, de rire et d'aimer. S'abandonner à la nature avec toute l'ingéniosité de son âme. Se délester du poids des jours, retrouver l'émerveillement, intact. Réaffirmer la vie dans ce qu'elle offre de meilleur et de pire.

Notre cœur est généreux. Sachons faire confiance à sa spontanéité. La conscience déplissée permet cette grâce : accueillir l'instant pur, intense. L'enfant qui ignore encore la distance de la réflexion ne reflète-t-il pas l'unité du monde dans ses yeux ?

Chaque année ce sont les mêmes retrouvailles : les rires s'envolent des squares, les étudiants soucieux et rêveurs révisent leurs examens, les couvertures des magazines promettent des régimes minceur miraculeux, ailleurs, communions et mariages se préparent. Telle est l'éternité qu'il nous est permis de connaître ici-bas. Soustraite au temps, sans commencement ni fin, elle se recueille dans l'instant.

Les papillons du printemps nous rappellent que l'éternité est chose la plus éphémère…

C'est pourquoi chaque printemps est un recommencement, une nouvelle page blanche sur laquelle nous recommençons à écrire notre vie. Brouillon, esquisse, pages noircies et raturées, qu'importe, l'essentiel n'est-il pas d'écrire, de vivre ? Que chaque matin soit un printemps symbolique. Une renaissance à nous-mêmes, à nos amours, à nos tâches quotidiennes. Les aubes sont pleines des promesses. Si le printemps restaure notre innocence, il affûte aussi notre conscience du temps qui passe : les premiers rayons du soleil ne sont-ils pas source d'angoisse : cette vie qui se répand avec luxuriance, vaut-elle la peine d'être vécue ? La vie est un songe, sans doute. Laissons le printemps s'exprimer en nous, puisons dans la nature la force qui nous fait parfois défaut. Soyons simples, humbles et pleins d'ardeur.

PETITE BIBLIOTHÈQUE CHOISIE

ALAIN, *Propos sur le bonheur,* Folio Essais, Gallimard, 1985 ; *Les Passions et la Sagesse,* La Pléiade, Gallimard, 1960.

ARISTOTE, *Éthique à Nicomaque,* Vrin, 1987.

BARTHES, Roland, *Fragments d'un discours amoureux,* « Tel Quel », Éditions du Seuil, 1977.

DESCARTES, René, *Discours de la méthode,* Garnier-Flammarion; *Les Passions de l'âme,* Tel-Gallimard, 1988.

D'HONDT, Jacques, *Hegel, le philosophe du débat et du combat,* Le Livre de Poche, 1984.

ÉPICURE, *Lettres,* « Les intégrales de philo », Nathan, 1982.

GOTTLOB SCHELLE, Karl, *L'Art de se promener*, Rivages Poche, 1996.

HEGEL, Friedrich, *Phénoménologie de l'esprit*, Aubier, 1966.

JANKÉLÉVITCH, Vladimir, *Philosophie morale*, « Mille et une pages », Flammarion, 1998 ; *Quelque part dans l'inachevé*, entretien avec Béatrice Berlowitz, Gallimard, 1978.

LEVINAS, Emmanuel, *Totalité et Infini*, Le Livre de Poche ; *Le Temps et l'autre*, « Quadrige », PUF, 1981.

LUCRÈCE, *De la nature*, Garnier-Flammarion.

NIETZSCHE, Friedrich, *Seconde considération intempestive*, Garnier-Flammarion ; *Aurore*, *Humain trop humain*, *Le Gai Savoir*, Gallimard.

PLATON, *Le Banquet*, *Le Phédon*, *Le Philèbe*, Garnier-Flammarion.

SPINOZA, *L'Éthique*, Garnier.

TABLE DES MATIÈRES

Achevé d'imprimer par France-Quercy
(Cahors)
en juin 2005.

N° d'impression : 51567.
N° d'édition : 13602.
Dépôt légal : juin 2005.
Imprimé en France.
R 8.